REGLEMENS ET STATUTS

DE LA *SOCIETE'* ACADE'MIQUE DES ENFANS D'*APOLLON*,

Rédigés & mis en ordre par les soins de Messieurs JARDIN, *Chef d'année*; DUBREUIL & OZANNE, *anciens Chefs*; GUERSANT & CRESSONNIER, *anciens*; BRALLET, *Chancelier*; MOET, *Vice-Chancelier*; DUCHE', *Sécretaire*; *approuvés & signés par toute la* SOCIETE'.

M. D.CC. LVII.

REGLEMENS
ET
STATUTS
DE LA *SOCIETE'* ACADÉMIQUE
DES
ENFANS D'*APOLLON*.

TITRE PREMIER.
Du nom de la SOCIETE', *& du nombre de ſes Membres.*

ARTICLE PREMIER.

ETTE *Société*, telle qu'elle a été conſtituée depuis nombre d'années, continuera d'être nommée *SOCIETÉ Académique des Enfans D'APOLLON.*

ART. II. Elle ſera compoſée, à l'avenir, de ſoixante Membres ou Aſſociés, tous Muſiciens, Savans & Artiſtes, ſans que ce nombre puiſſe être augmenté, ſous quelque prétexte que ce ſoit. (*Délibération du* 23 *Janvier* 1757.)

ART. III. Les ſoixante Aſſociés ſeront placés en ordre chronologique, ſuivant les dates de leurs réceptions, ſur les deux grands Tableaux deſtinés à cet uſage.

ART. IV. Comme il eſt néceſſaire, pour le bon ordre, d'appercevoir du premier coup d'œil les places qui viendront à vaquer dans le nombre des Muſiciens & de ceux qui ne le ſont pas, il ſera tenu, ſur les Régiſtres ſeulement, deux colonnes, l'une de quarante Aſſociés Muſiciens, l'autre de vingt non-Muſiciens.

ART. V. Nul ne pourra être inſcrit dans la colonne des Aſſociés Muſiciens, s'il n'eſt Maître profeſſant la

Musique dans cette Ville, ou exécutant publiquement avec l'instrument ou la voix ; & l'homme de Lettres ou autre ne pourra être reçu & placé dans la colonne des Associés non-Musiciens, s'il n'est connu, ou ne se fait connoître à la *Société* par quelque ouvrage digne de son approbation.

ART. VI. La colonne des Associés Musiciens ne pourra être remplie que par des Musiciens ; celle des Associés non-Musiciens, que par des Artistes d'un autre genre, Savans, & Gens de Lettres, sans qu'il soit permis de passer d'une colonne dans l'autre, sous quelque prétexte que ce soit.

TITRE DEUXIEME.

Des Récipiendaires.

ARTICLE PREMIER.

CELUI qui désirera se faire recevoir dans la *Société*, se fera présenter au Chancelier, au moins par deux Parains membres de la *Société*, qui certifieront les bonnes mœurs de l'Aspirant, ses talens, leur genre, &, s'il est possible, leur point vers la perfection.

ART. II. Le Chancelier s'informera exactement si l'amitié, ou la prévention en faveur de l'Aspirant, ne lui a point fait prodiguer par ses présentateurs un éloge peu mérité; en un mot, s'il a les mœurs & les talens désirés : il en fera son rapport à l'Assemblée suivante.

ART. III. Sur le rapport du

Chancelier, on procédera à l'admiſſion de l'Aſpirant par la voie du ſcrutin, dans la forme preſcrite par l'Article ſuivant.

ART. IV. A cet effet, il ſera placé en évidence deux boëtes, ſur l'une deſquellesſera inſcrit le mot *pour*, & ſur l'autre le mot *contre* : chacun des Aſſociés préſens portera ſéparément un pois, (qui lui aura été préalablement remis par le Chef) dans celle des deux boëtes que bon lui ſemblera.

ART. V. Le ſcrutin ainſi tiré, s'il ſe trouve que l'Aſpirant ait pour lui les quatre cinquiêmes complets des voix préſentes, il demeurera admis.

ART. VI. Dans ce cas, il ſe préſentera le jour de l'Aſſemblée ſuivante, ou au plus tard dans les trois mois du jour de ſon admiſſion, à peine d'être refuſé. On lui fera lecture des préſens Statuts. Le Chef, ou Préſident de la *Société*, recevra ſa parole d'honneur de les exécuter. Le Chancelier lui fera un diſcours ſur ſes obligations, & ſes devoirs envers la *Société*; & il demeurera reçu, après néanmoins avoir exécuté ſeul, ou en Concert, (s'il eſt Muſicien); avoir (s'il eſt homme de Lettres ou Savant) prononcé un Diſcours en proſe ou en vers, à ſon choix; & donné, (s'il exerce quelque autre Art) des marques de ſon talent.

TITRE TROISIEME.

Des Dignités, Charges & Emplois de la SOCIETE'.

ARTICLE PREMIER.

DANS le nombre des vingt-cinq plus anciens qui n'auront point été Chefs, il ſera procédé, chaque année, le jour & dans la forme ci-après détaillés, à l'élection d'un Chef, chargé pendant ſon année de préſider aux Aſſemblées générales & particuliéres, de veiller à la conſervation de la *Société*, à ſon accroiſſement, & à faire & ordonner, à cette fin, ce qui conviendra.

Art. II. Les anciens Chefs ſeront, après le Chef actuel, les premiers Dignitaires de la *Société*; ils gouverneront par rang d'ancienneté, en cas d'abſence, maladie du Chef de l'année, ou autres empêchemens.

Art. III. Après les anciens Chefs, ſeront les quatre plus anciens à demeure, de tous les conſeils, ainſi qu'il ſera dit ci-après.

Art. IV. La *Société* aura auſſi à demeure un Chancelier & un Sécretaire, qui ne ſeront déplacés, ainſi que les quatre anciens à demeure, que de leur conſentement, ou pour cauſe légitime, ou dans le cas où ils parviendroient à la place de Chef.

Art. V. Le Chancelier, ſecondé de ſon Vice-Chancelier, qui ſera élû chaque année, ainſi qu'il eſt porté ci-après, eſt chargé de veiller à l'exécution des Loix de la *Société*, de s'attacher à les faire ſcrupuleuſement obſerver. Le Sécretaire écrira & envoyera les Lettres d'invitation ; tiendra Regiſtre des Aſſemblées, des Réceptions & des Délibérations générales & particuliéres.

ART. VI. Chaque année, le Conſeil de la *Société*, dont ſera ci-après parlé, fera choix d'un Vice-Chancelier, d'un Tréſorier chargé de la recette & de la dépenſe de la *Société*, d'Intendans & de Contrôleurs de la Muſique, de Gardes des Archives chargés de veiller à la conſervation des effets de la *Société*, dont ſera fait récollement chaque année, & d'autres Officiers qui ſeront jugés néceſſaires ; tous leſquels Officiers ne pourront être pris que dans les vingt-un plus anciens de la *Société*, en partant d'après les quatre anciens à demeure.

TITRE QUATRIEME.

De l'administration des affaires de la SOCIETE'.

ARTICLE PREMIER.

LA *Société* aura perpétuellement un Conseil composé du Chef, des anciens Chefs, du Chancelier, du Vice-Chancelier, des quatre anciens à demeure, & du Sécretaire ; auquel Conseil pourront être appellés les autres Officiers de la *Société*, si le Chef prévoit qu'il soit question de leur emploi, même les Compositeurs non Officiers, s'il s'agit de Musique.

ART. II. Le Conseil s'assemblera au moins quatre fois l'année ; sçavoir, les derniers Dimanches de Mars, de Juin, de Septembre & de Décembre, dans le lieu accoutumé, à dix heures du matin ; & toutes les autres fois qu'il sera jugé nécessaire par le

Chef, ſur les Lettres qui ſeront à cet effet adreſſées.

ART. III. Le Conſeil connoîtra de toutes les affaires de la *Société*; notamment il examinera & fera, ſi beſoin eſt, examiner, par les Aſſociés Muſiciens, la Muſique deſtinée à etre exécutée publiquement, réglera ce qui concerne la grande Fête annuelle, & les Meſſes pour les Freres qui viendront à décéder, l'ordre & l'arrangement des autres Fêtes, la nomination aux charges, les comptes, & généralement toutes les affaires de la *Société*; & ſeront les délibérations du Conſeil exécutées, comme ſi elles avoient été faites par la *Société* aſſemblée.

ART. IV. Mais il ne ſera point permis au Conſeil de toucher aux Loix de la *Société*, qui ne pourront être changées ni réformées, en quelque maniére ni pour quelque cauſe que ce ſoit, que du conſentement de la *Société* convoquée à cette fin.

TITRE CINQUIEME.

De la maniére de procéder à l'élection du CHEF.

ARTICLE PREMIER.

POUR procéder à l'élection du Chef, conformément à l'article premier du Titre troisiéme, les noms des vingt-cinq plus anciens de la *Société* seront inscrits chacun sur un bulletin séparé. Tous les bulletins seront pliés d'une maniére uniforme, mis dans un sac, & bien mêlés.

ART. II. Seront ensuite tirés par un enfant, ou quelqu'un qui ne tienne en rien à la *Société*, trois desdits bulletins, dont les noms seront lus à haute voix, & dans l'instant placés en évidence chacun sur une boëte.

ART. III. Les trois Personnes, dont les noms seront sortis, ne donneront point leur voix pour l'élection ; mais ſera remis à chacun des autres Aſſociés préſens un pois, pour donner leur voix par forme de ſcrutin à celui que bon leur ſemblera, des trois noms ſortis.

ART. IV. Les trois boëtes, avec les noms à chacune, ſeront priſes après le ſcrutin, par trois anciens Chefs, & rapportées ſur le Bureau commun, au Chef d'année, pour être faite ouverture d'icelles, l'une après l'autre, & les voix publiquement comptées.

ART. V. S'il ſe trouvoit dans deux, ou même dans les trois boëtes, un nombre égal de pois, on recommencera le ſcrutin, ſeulement pour les noms que regardera l'égalité de voix.

ART. VI. Celui qui, après le premier ou pluſieurs ſcrutins, aura pour lui le plus grand nombre de voix, ſera ſur le champ ſalué comme *CHEF* ou Président pour l'année suivante; & il en sera dressé acte sur le Registre, & signé de ceux qui auront été présens au scrutin.

TITRE SIXIEME.

Des devoirs des Associés en général & en particulier, relativement à la SOCIETÉ & entre eux.

ARTICLE PREMIER.

IL est très-expressément défendu de parler de Religion, & de Gouvernement, directement ou indirectement.

ART. II. Si, contre toute vraisemblance dans aucun cas, quelqu'un des Associés s'échappoit en aucune façon, soit en manquant au respect dû au Chef, anciens Chefs, Anciens & Officiers, ou aux égards que tous les

Aſſociés ſe doivent mutuellement, il ſera pour la premiére fois ſevérement réprimandé ; & pour la récidive, exclus de la *Société*.

Art. III. En toutes aſſemblées, chaque Aſſocié ſera tenu de porter, attachée à un ruban couleur de feu, (ſçavoir les Chefs au col, & les autres Aſſociés à la boutonniére) une médaille argent-doré, ſur l'une des faces de laquelle eſt un Apollon tenant ſa Lyre, & pour légende, *LAUREA DONANDUS APOLLINARI* ; & ſur l'autre, un trophée d'Inſtrumens éclairé par un Soleil, & pour légende, *POST LABOREM SCIENTIA*.

Art. IV. Aucun Aſſocié, ſous quelque prétexte que ce ſoit, ne pourra amener un étranger aux Aſſemblées.

Art. *V.* Celui qui manquera, trois Fêtes de ſuite, d'aſſiſter à l'Aſſemblée générale, après avoir reçu la troiſiéme

troisiéme Lettre de la part du Sécretaire, sera exclus de la *Société*, à moins qu'il n'ait prévenu, verbalement ou par écrit, des causes d'une si longue absence ; & sa place demeurera impétrable.

Art. VI. Celui qui manquera d'assister à la grande Fête annuelle ou aux services pour les Freres défunts, quand le cas y écheoira, sera pareillement exclus de la *Société*, & sa place demeurera impétrable ; à moins qu'il ne justifie de quelque empêchement, de la légitimité duquel le Conseil de la *Société* décidera.

Art. VII. Chaque associé non-Musicien donnera, au moins une fois l'an, un morceau de sa composition, en vers ou en prose, à son choix, sur telle matiére qu'il voudra traiter, à l'exclusion de celles de Religion & de Politique, & de celles qui pourroient blesser la décence ou les mœurs ; & quiconque fera des morceaux destinés à être mis en Musique, les communiquera préalablement au Chancelier & au Conseil, qui décidera si rien n'empêche qu'ils puissent être rendus publics.

ART. VIII. Les Associés Musiciens sont invités à donner de leurs Œuvres, le plus souvent qu'ils pourront.

ART. IX. Celui qui aura des avis utiles à donner pour le bien de la *Société*, les remettra par écrit, signé de lui, au Chancelier qui en fera son rapport dans le Conseil de la *Société*, ou dans les Assemblées qui se tiendront toutes les fois qu'il sera jugé nécessaire, immédiatement après le Concert.

TITRE SEPTIEME.

De l'ordre des Fêtes, & des exercices de la SOCIETE'.

ARTICLE PREMIER.

LA *Société* s'assemblera tous les seconds Dimanches du mois, à dix heures précises du matin, dans le lieu dont il sera convenu.

ART. II. A onze heures, on commencera un Concert, où tous les Associés Musiciens, tant instrumentaux que vocaux, auront le droit d'exécuter seuls, ou en Chœur, ou en symphonie, les morceaux de leur composition, ou de composition étrangére, & néanmoins dans l'ordre qui sera réglé sur le Tableau destiné à cet usage, par les Intendans de la Musique, & en leur absence par les Contrôleurs.

ART. III. Le ſecond Dimanche du mois de Décembre de chaque année, il ſera, en l'aſſemblée de la *Société* procédé, en la maniére ci-devant détaillée, à l'élection du *CHEF*, pour l'année ſuivante.

ART. IV. Le dernier Dimanche du même mois de Décembre, il ſera, par le nouveau Chef aſſiſté du Conſeil de la *Société*, procédé à la nomination des Officiers qui ſeront jugés néceſſaires pour l'année ſuivante.

ART. V. Le ſecond Dimanche de Janvier, il ſera procédé à l'inſtallation du nouveau *CHEF*, par celui de l'année précédente, & à celle des Officiers pour l'année.

ART. VI. Chaque année, le ſecond Dimanche du mois de May, il ſera célébré, dans une Egliſe dont on conviendra, une Meſſe en ſymphonie ou à grand Chœur, ou une Meſſe baſſe pendant laquelle on chantera un Motet.

ART. VII. Sera la musique composée exprès par un ou plusieurs compositeurs de la *Société*; & ne pourra la même musique être exécutée plus de deux années de suite.

ART. VIII. Et, afin que les Compositeurs ayent un tems suffisant, ils seront invités, dès le mois de Juin, ou au plus tard en Juillet, à travailler pour l'année suivante.

ART. IX. Celui, ou ceux qui voudront s'engager à donner de leur musique pour l'année suivante, donneront leur parole d'honneur de la mettre en état d'être répétée, au moins par partie, à commencer dès le mois de Janvier, afin qu'eux-mêmes & la *Société* puissent juger du mérite de leurs ouvrages, & des fautes, négligences & longueurs qui pourroient s'y être glissées.

ART. X. Le Compositeur, ou les Compositeurs retoucheront docilement & sans murmure les endroits de leurs ouvrages qui auront, au jugement de la *Société*, besoin d'être retouchés ; & ils travailleront, de maniére que la musique, si c'est une Messe chantée, ne dure au plus qu'une heure & demie ; & si c'est une Messe basse, une demi-heure.

Art. XI. Si, dans une même année, il meure un ou plusieurs membres de la *Société*, il sera aux frais de la *Société*, célébré une Messe en musique à grand Chœur, faite par les Compositeurs de la *Société*, à laquelle tous les Associés seront tenus d'assister, sous les peines portées par l'Article X. du Titre 6. des présens Statuts ; & les Parens du défunt ou des défunts y seront invités. A l'issue de la Messe, la *Société* s'assemblera ; & l'Oraison Funébre du défunt sera prononcée par celui des Associés qui aura été choisi pour la faire.

Art XII. Toute musique, publiquement exécutée par la *Société*, sera déposée dans ses Archives, comme chose lui appartenante ; seront pareillement déposés dans les Archives tous les morceaux qui auront été prononcés publiquement dans les Assemblées générales, & qui auront liaison au but & à l'esprit de la *Société*, avec le consentement néanmoins de celui qui en aura fait la lecture.

TABLEAU
DE LA SOCIÉTÉ,
Au mois de Décembre 1757.

CHEF D'ANNÉE,

MONSIEUR JARDIN.

ANCIENS CHEFS.

MM.

SALLANTIN, P. en . 1742.
SOLLIER. . . . . . 1744.
DUBREUIL. . . . . . 1745.
SAINT-SUIRE. . . . . 1747.
BLONDEAU. . . . . . 1749.
LE ROI. . . . . 1750.
OZANNE. . . . . . . 1751.
LACORNE. . . . . . . 1752.
MARTEAU. . . . . . 1753.
GUILLEMANT. . . . . 1755.
BORDET. . . . . . . 1756.

ANCIENS A DEMEURE.

M M.

GUERSANT. PILLON. CHARTIER. BAUDEU.	} . . .	1742.

AUTRES ASSOCIÉS.

M M.

CRESSONNIER, reçu en 1746.
DUPRÉ . . . . . 1747.
BRALLET, *Chancelier.* . . . 1749.
L'EMPEREUR. . . . 1750.
TARADE. . . . . . 1751.
RESTIER. . . . . . 1752.

LA RUETTE PIFFET. ROBINS.	} . . .	1753.

LE JAY. MOET, *Vice-Chancelier.* HORNOT.	}	1754.

SALLANTIN, fils, reçu en 1752. rentré en 1754.

C

MM.

Patouart. Valentini. Voyez. Bujon. Peronard. Sauré.	. . . 1754.
Diss, désigné *Chef* pour 1758. Duché, *Sécretaire.* Mery-Darcy. De Bias Aubry. Brallet, le Jeune. Vibert. Marchand. Dorté. Moria. Perina. Viger.	. . . 1755.
Robert. Bayard. Fagnan. Regnard. Decombe.	. . . . 1756.

MM.

ERET, reçu en 1748.
rentré en
VATRIN, reçu en 1749,
rentré en
DE LA CROIX.
DE LUSSE.
DE L'EPINE.
EPIN.
OUFFÉ.

} 1757.

DÉLIBÉRATION

Du 21 Septembre 1757.

LA *Société*, convoquée par Lettres & assemblée en la maniére accoutumée, spécialement pour entendre la lecture de ses Statuts & Réglemens, dans l'ordre qu'ils ont été mis par le *CHEF* actuel, les Freres *DUBREUIL* & *OZANNE* anciens Chefs, le Frere *BRALLET* Chancelier, le Frere *GUERSANT* premier ancien à demeure & Doyen, le Frere *CRESSONNIER* premier ancien d'élection, le Frere *MOET* Vice-Chancelier, & le Frere *DUCHE'* Sécretaire, tous commis à cet effet par délibération du 23 Janvier dernier;

A APPROUVE' & *APPROUVE*, par les presentes, lesdits Statuts & Réglemens dans l'ordre qu'ils ont été mis nouvellement ensemble, tous les Titres & Articles y contenus; veut & entend qu'ils soient exécutés par tous ses membres, selon leur forme & teneur, ſous les peines y portées.

A cet effet, qu'ils ſoient inſcrits ſur les Regiſtres, enſuite imprimés ſuivant la permiſſion qui ſera à cette fin ſollicitée par leſdits Sieurs Commiſſaires; & un Exemplaire diſtribué à chacun de ceux qui compoſent ou compoſeront ladite *Société* à l'avenir, afin qu'ils ſoient plus en état de s'y conformer.

ET CONSIDÉRANT que, dans des Statuts, qui ne doivent contenir que les Régles générales & fondamentales d'une *Société*, il n'eſt pas toujours poſſible d'y faire entrer pluſieurs Réglemens ſouvent utiles, elle a ſtatué & délibéré ce qui ſuit.

1°. Que, quoique, par l'Article deux du Titre premier deſdits Statuts, il ſoit dit que le nombre des membres de la *Société* ne pourra être augmenté, pour quelque cauſe que ce ſoit, au delà de ſoixante, elle veut bien relâcher de la ſévérité de cet

Article, & admettre des Musiciens dont les mœurs & les talens soient connus, tels en un mot que les Statuts les exigent, & dans la forme qui y est prescrite; à condition que les Musiciens, qui seront admis & reçus au delà du nombre de quarante portés par les Statuts, ne seront dans la *Société* que comme aspirans, jusqu'à ce qu'il vienne à vaquer par mort ou autrement une place dans le nombre des quarante Musiciens.

Qu'ils ne monteront à cette place que par le rang de leur Réception.

Qu'ils n'auront ni voix ni droit d'avis.

Qu'ils ne porteront point à la boutonniere la médaille de la *Société*.

Enfin qu'on ne recevra comme aspirans que des Musiciens; & que les Artistes d'un autre genre Savans, ou gens de Lettres, attendront, pour se faire présenter & pour être admis, qu'il y ait une place vacante dans le nombre des vingt Associés non-Musiciens.

2°. Qu'encore que, dans les Titres trois & quatre des Statuts mis en ordre nouvellement, il ne soit point fait mention des Anciens d'élection ; néanmoins considérant que les Freres *CRESSONNIER*, *DUPRÉ*, *L'EMPEREUR* & *TARADE*, nommés Anciens par la délibération du 26 Décembre 1756. occupent depuis plusieurs années les mêmes places, qu'ils sont les plus anciens après les quatre à demeure, que leurs avis ont été toujours utiles, ainsi que leurs services, dans les différens emplois qu'ils ont remplis ; il est décidé qu'ils continueront d'être des Conseils de la *Société*, même avec la qualité d'Anciens d'élection, jusqu'à ce qu'il vienne à vaquer une ou plusieurs places dans le nombre des quatre Anciens à demeure, auxquelles places, ils monteront par rang d'ancienneté; après lequel temps celles d'Anciens d'élection demeureront supprimées.

3°. Quoiqu'il ne soit point à préſumer que des perſonnes qui cultivent & chériſſent également les arts, & notamment la Muſique, ſoient capables d'interrompre le Concert; néanmoins, comme par inattention il pourroit arriver que quelqu'un incommodât les Concertans, il eſt expreſſément défendu, ſous les peines portées par les Statuts, de ſe mettre près d'eux, lorſqu'ils exécuteront; ordonné que toutes converſations générales & particuliéres ceſſeront au moment que le Concert commencera; & il eſt enjoint aux Intendans & Contrôleurs de la Muſique, & ſinguliérement aux Inſpecteurs du Concert, de tenir rigoureuſement la main à l'exécution de la préſente délibération.

4°. Que, pour faciliter l'exécution des Articles cinq & ſix du Titre ſix, les Inſpecteurs du Concert marqueront exactement ceux qui ne ſe feront point trouvés aux Aſſemblées ordinaires, à la grande Fête, ou ſervice pour les Freres défunts; ils en feront une liste qu'ils vérifieront avec le Trésorier, pour être ensuite communiquée au Chef, & remise au Sécretaire qui sera chargé d'avertir ceux des Associés qui se trouveront avoir contrevenu auxdits Articles, de ne pas manquer à l'Assemblée suivante, ou de se justifier, sinon que leurs places demeureront impétrables.

5°. (Sur l'Article neuf du Titre six, portant que si quelqu'un a des avis utiles à donner, il les remettra par écrit signé de lui au Chancelier, &c.) il est expressément défendu à tous & chacun des Associés, sous peine d'être exclus de la *Société*, d'écrire des lettres ou mémoires anonymes, & à ceux qui les auront reçus de les rendre publics en les lisant, ou en en rendant compte, soit à la *Société* assemblée, soit à aucun des Associés en particulier.

6°. Considérant qu'à l'issue du Concert le plus grand nombre des membres demeurent assemblés pour dîner

dîner enſemble; que, depuis l'inſtitution de la *Société*, le repas qui ſuit le Concert fait partie de ſes fêtes; que, quoique cette partie des uſages de la *Société* n'ait pû ni dû être compriſe dans les Statuts, il n'eſt pas moins néceſſaire d'en régler l'ordre; enfin que dans le courant de l'année, la *Société* a toujours des dépenſes ordinaires & quelquefois même extraordinaires à faire, il a été ſtatué & unanimement délibéré ce qui ſuit.

1°. Que ceux des Aſſociés, à qui leurs affaires permettront de reſter au repas, en payant chacun leur part, n'y feront point admis, s'ils ne ſont décorés de la médaille de la *Société*, ou s'ils n'en ſont diſpenſés ſans tirer à conſéquence.

2°. Que la décence & la politeſſe regneront dans le tems du repas, comme dans les autres Aſſemblées de la *Société*.

3°. Qu'il ne ſera point permis de parler d'affaires, pas même de celles de la *Société*, ni de Religion, ni de Gouvernement.

4°. Que les conversations ne rouleront que sur les Belles-Lettres, l'Histoire, les Sciences & les Arts.

5°. Que le Chef d'année sera placé dans le lieu le plus éminent de la table, & respecté comme dans les autres Assemblées.

6°. Qu'il aura près de lui deux anciens Chefs, le Chancelier, un Ancien à demeure, le Sécretaire & autres Officiers nécessaires.

7°. Que les anciens Chefs seront placés dans les lieux les plus évidens, & de maniére à veiller au bon ordre.

8°. Que les vingt-cinq, qui auront concouru à la place de Chef, soit qu'ils soient Officiers ou non, auront à table chacun une place marquée, mais mêlés parmi les nouveaux reçus, pour leur apprendre les usages de la *Société*, & faire observer un silence convenable.

9°. Que les discours en prose ou en vers qui auront été faits par les Freres non-Musiciens seront lûs au dessert.

Enfin, en ce qui concerne les dépen

ſes ordinaires & extraordinaires, que chaque Aſſocié Muſicien payera, dans l'un des trois premiers mois de chaque année, ès mains du Tréſorier, la ſomme de ſix livres pour ſa part des frais ordinaires de la *Société*, y compris ceux de la grande Fête, & de la Meſſe pour les Freres défunts, quand le cas y écheoira.

Que chaque Aſſocié non-Muſicien payera, dans le même temps, ès mains du Tréſorier, la ſomme de douze livres pour ſa part des mêmes frais, en ce compris ce qu'il en coutera pour mettre en ſa place, le jour de la grande Fête annuelle, & aux Meſſes des Freres défunts, un Muſicien étranger qui le repréſentera ; le tout, à peine contre les refuſans de perdre leurs places dans la *Société*, leſquelles demeureront impétrables.

Et finalement que chaque Récipiendaire payera le jour de ſa réception, s'il eſt Muſicien, la ſomme de ſix livres pour ſa part des frais ci-deſſus détaillés pendant le reſtant de l'année, dans laquelle il aura été reçû ; & s'il n'est pas Musicien, celle de douze livres ; & pareille somme de douze livres pour être employée en achat de musique au profit de la *Société*.

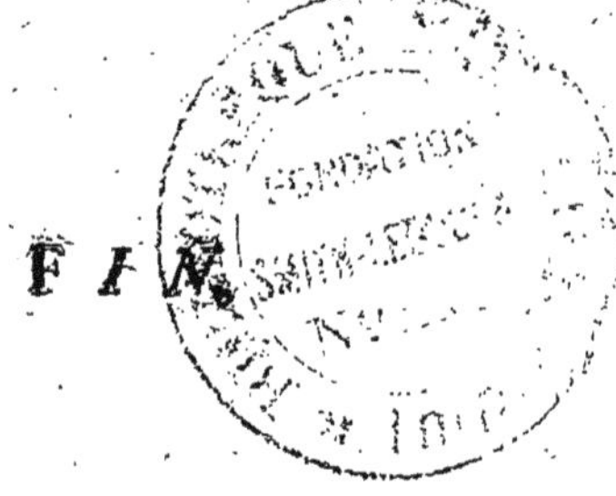

FIN.

www.ingramcontent.com/pod-product-compliance
Ingram Content Group UK Ltd.
Pitfield, Milton Keynes, MK11 3LW, UK
UKHW020358250726
13967UKWH00005B/2363

9 782013 060691